초승달의 일기

초승달의 일기

초판 1쇄 발행 2023년 8월 14일

지은이 이원문

펴낸이 임병천
펴낸곳 책나무출판사
출판신고 2004년 4월 22일 (제318-00034)

주소 서울시 영등포구 신길3동 325-70 3F
전화 02-338-1228 **팩스** 0505-866-8254
홈페이지 www.booktree.info

ISBN 978-89-6339-714-6 03810

초승달의 일기

이원문 시집

책나무출판사

목차

1부

2부

3부

4부

• 1부 •

연줄의 송년

어느 해 보다 쓸쓸한 송년
저무는 것이 이 한 해뿐이겠는가
마지막 날의 마음 시간에 주눅들고
연줄에 매달린 날 옛날로 데려간다

풀어놓으면 놓을 수록 멀어지는 옛날들
당겨도 멀어지는 그날의 그 시간들
멀어지면 이렇게 가물가물 가느란 것인가
모으는 그 옛날 오늘의 허공에 올린다

경자년(庚子年)

밝아온 이천이십(2020)
시작의 이천이십(2020)
이 발 딛을 이천이십(2020)
어디로 가야 하나

끝 날은 저 멀리
걸린 달력이 가리고
내 딛을 이 첫날
어디로 가야 하나

새해의 셈

떠난다던 그 한해
새해 맞이 첫날 되고
새해의 첫날
셈이 앞서 문연다

밝아온 새해
할 일 많은 새해
덧셈을 할까
뺄셈을 할까

계획이 들추는
수입과 지출
곱셈에 넣어도
나누니 모자란다

새해의 얼굴

삶에 시달려
못 보았던 친구들

그리고 이웃
고마운 어른들

이제야 나의 시간이
꼭 찾아 뵙겠습니다

이 뜨거운 얼굴로
꼭 찾아 뵙겠습니다

시린 그날

나 찾는 이 누구요
내가 찾을 사람 누구이고
그 마음에 욕심 섞은 것은 아니겠지요
이 마음도 욕심 섞지 않았습니다

섞였다면 그 정 하나
만나서 웃을 사람
그 시절 울고 웃던 나눔의 그 사람
이 마음 그 정 하나 변치 않았습니다

이 새해에 정 그리워
보고픈 그 사람들
보릿고개 언덕에 찔레꽃에 그 철새들
여름날 가을날 모두 그려 봅니다

흔적 정리

알몸뚱이에 굽은 길
딛고온 가시밭 길
그 곧은 길 바라보며
어찌 못 딛고 여기의 이곳까지
넘어온 언덕에 비탈길은 없었겠나

이리 저리 딛고 넘어
밤낮 없이 걸어온 길
그 흔적에 집문서
땅문서에 영수증
재판에 왔다 갔다 그 확인서도 있었다

혹시라도 증거 잃을까
세월 한구석에 모아둔 서류들
휴효 기간 지났어도
못 믿고 겁이난 흔적들
재판에 왔다 갔다 그 확인서도 있지않았나

못 믿을 세상 헤쳐온 그 세월
무엇을 버리고 안 버릴 것이 있나

그 눈물 다시 흘러 서류에 얼룩지고
쓰린 가슴에 멍든 마음
속은 세월의 그날을 회상 하며 찢고 버렸다

새해의 노을

옛날 접어 노을에 올린 마음
송년의 그 마음과
무엇이 다를까

새해에 가라앉는 마음
그 마음과 같고
다를바 없는 마음

인생이 저물어간다
얼마만큼 얼마나
무엇이 저물었나

뒤를 바라보면 긴 것 같은데
노을 위의 앞날은
왜 이리 짧아만 가는지

서산 멀리 기러기의 마음
저 기러기는 알려나
노을 위의 기러기 더 멀어진다

섣달의 비

이맘때면 눈쌓여
소나무가 울 것인데
그 칼바람에 부엉이도 울고
섣달 중순 몇날 며칠
눈 아닌 비 내리니
마음의 고향에
비 아닌 눈 내린다

달력 보면 그 추위
추울 날이 며칠 될까
봄 비 같은 겨울 비
잠든 만물 깨우고
2020의 경자년
그 시절 초가 눈 녹인다

우리 선생님

조용한 그 기억들
그리움의 기억들
그 아련한 기억들
혼자만의 기억을
다시 꺼내 봅니다

이리 짧은 시간이
기억을 더듬으니
더 멀리 멀어지고
추억의 교실 바닥
미끄럽고 차갑다

예쁜 우리 선생님
코 닦아준 선생님
콧수건 떨어질까
다시 매단 선생님
저 기억 하시는지

너무 먼 기억일까
풍금만 생각나요

반세기에 여섯 해
어제 같은 그 시간
그 시간이 먼가요

어디에 계신지요
시오리의 학교 길
춥고 덥던 학교 길
학교 길에 피던 꽃
아직도 피겠지요

풍금 앞 노래 소리
선생님의 목소리
모습은 잃었어도
그 노래 들려와요
저 듣고 있습니다

섣달의 고향

들뜬 마음의 설 맞이
무엇부터 준비 할까
어른들의 근심 걱정
아이들 바라보고
좋다 하는 아이들
어른 눈치 살핀다

그 설날에 대보름날
빈 항아리 몇개 될까
김치 독에 쌀 항아리
며칠새 내려 앉고
얼어 붙은 두레박
부엌 문 바라본다

동요의 노을

하늘에 흰 구름
냇가에 맑은 물
들로 산으로
그 꽃들 예뻤는데

찔레순의 봄
다슬기의 여름
메뚜기의 오색단풍
정성스레 모았고

노래는 안 불렀나
너와 내가 부른 노래
어느 곳에 담았지
오늘도 그 노래 노을진다

구들장의 밤

평생을 보아도 그 하늘
그 산 그 냇가
강은 안 그런가요 바다도 그렇고요
지나온 그날 모두 되 돌아 보셨는지요

구름 같지 않았나요
흔적 없는 강물 같고요
때 되면 왔다 가는 그 모든 것 처럼
우리 인생 어떻던가요

계절에 안 따라 가는 것 못 보았습니다
시간이 버리는 날 안 버려지는 것 못 보았고요
세월에 실린 몸 이와 무엇이 다르던가요
저문다 하더니 이것이 저무는 것인지요

청춘의 봄은 내일이 있것만
우리내 인생
그 청춘의 봄 기우르니 짧은 다음의 내일이 되고
쓸쓸히 보는 거울 앞 무엇이 비춰지던가요

겨울 강

찬 바람 거스르는
차가운 겨울 강
누가 이 강을 다녀 갔다 할까

강 언덕 찬 바람
멎지 않는 강
눕지 못한 억새꽃 석양에 춥다

선달의 그날

누가 읽을 선달일까
선달의 밤 깊어 새벽 닭 울고
새벽 녘 통곡 소리에 닭 울음 멈춰진다

지게의 그 가마떼기
날 밝기를 얼마나 기다렸나
누가 보면 어쩌나 부끄러운 가마떼기

닭 울음 어머니 울음
그 나무지게에 얹어지던 날
첫닭 울음 먼동의 길 양지 찾아 떠났다

고독의 창

앉아 있다
일어났다
긴긴 밤은 그렇게
꿈과 함께 지난는데
홀로 갇힌 나만의 방

함께 할 꿈 없고
밤 아닌 이 한낮
누구의 소식도 안 온다
그저 보이는 창밖 넘어
기다림 아닌 기다림

넋 잃은 이 마음
무엇을 바라보나
허공의 파란 하늘
모두를 꺼내더니
한 조각 구름 위 이 마음 얹는다

사연의 강

혼자만이 찾는 강
얼마를 찾은 이 강 언덕인가
오를때 그 많은 꽃
가을날 억새꽃에 사연 묻어놓고
흐르는 강물에 이 마음 띄운다

이제 그만 돌아설
마지막이 되는 강 언덕 하늘
사연에 돌아서는
징검다리 딛는 운명의 마음일까
무엇 찾아 어디로 가야 하나

보는 하늘 흰 구름
마음 모아 강 건너 멀어지고
찾았던 이 강언덕
다음의 운명도 여기에 와야 하나
다시 이 강물에 마음 띄운다

초가의 연기

그렇게 가버린 날
아침 저녁 모락모락
고향의 그 굴뚝이었나
두서너집의 우리 동네
그런 섣달이었지

눈 오면 눈 오는대로
바람 불면 바람 부는대로
끼어 입고 둘러도
시려워 못 견디었고

그러는 저녁연기는
무엇을 가르쳤나
뉘엿뉘엿 해질 무렵
저녁연기 바라볼 때면
그 저녁연기 인생을 가르쳤지

이승의 노래

기억 전은 어머니가 지켜 보았고
그후 내 마음은 나를 지켜보았다
밝고 어두움 밤과 낮의 내눈은 무엇을 지켜 보았는가

길고도 짧다 하는 저무는 하루살이
이 것이 이승이고 진 짐이 인생인가
앞 냇가 버드나무 찾아 모두 내려놓고 손 씻어 가련다

고향의 하늘

고온히 잠든 하늘
먼 먼 옛날의 고향 하늘
앞 뒷산 뒷동산 그 냇가의 버드나무

모두 잃어버린 고향의 하늘인가
그리 먼 고향의 하늘이었나
철 따라 피는 꽃 앞 냇가의 미나리

띄엄 띄엄 흰 구름
뒷산 넘어 멀어지던 날
파란히 보리밭 바람에 나부꼈고

아카시아꽃 떨어져 뽕잎 커질때면
앞산 뻐꾹새 그리도 슬피 울어댔는지
칠월의 뜸북새 울음 그 울음 들려온다

• 2부 •

도라지의 노을

외로워 찾은 산
산등성이에 올라 내려다 보면
크고 작은 산 앉은 이곳 보다 더 높고
멀리 들어온 구름 봉우리에 머물러 쉬었다 간다

저 작은 산은 가보았던 산이고
이쪽으로 큰 산은 못 딛었던 산인데
언제 한 번 간다 하며 이내 못 가본 산이 됐나
눈 오면 하얀히 가을날 단풍에 아름답던 산이었고

칠월에 도라지 언덕 그 도라지 찾으러 얼마를 다녔나
오르다 보면 바위 언덕 비탈길에 내리막 길
길 없는 곳은 이리 저리 헤쳐가며 찾아야 했고
우거진 숲에 많지 않은 도라지 그래도 그 숲을 헤쳐야 했다

외로움의 도라지 그 도라지만 찾아야 했나
무엇을 배우려 도라지를 찾았고
또 무엇을 얻으려 이 산 저 산 헤매었나
바위에 앉아 내려 보던 산 오는 길 봉우리 멀리 노을져 간다

고무신의 기억

내가 살던 고향은
바다도 있었고
하늘 아래 첫 동네
산골 마을도 있었다

두번의 고향이
남긴 추억들
한 번은 바닷가에
소라 조개 잡아 묻어 두었고

또 한 번의 산골은
앞 냇가 버드나무 밑
다슬기 미꾸라지 잡아
고무신 가득 넣어 두었다

고깃배 지나는 섬
들려오는 파도소리
갈매기 울며나는
모래뭇의 두꺼비 집인가

산골 마을 보리밭
철 따라 피는 들꽃
뻐꾹새 뜸북새 울음
오늘도 조용히 귓가에 들려온다

구름의 설

누구의 집 내려 보며 산 넘는 구름일까
그 초가는 아니어도 그곳을 지나지 않았는지
보기에 추웠던 구름 어른들 눈내릴까 걱정 되었고
밤이면 바람 불어 더추울까 걱정 하셨던 어른들
그래도 눈 내리면 우리들은 좋아 했었지

저무는 이 겨울 설 보름 지나면 다시 봄이 오는가
아직은 추운 겨울 설 맞이에 즐겁고
대보름 쥐불놀이에 배불리 먹을 오곡밥
넘어야 할 보릿고개 그 내일 잊은 내일의 대보름
아직 못 온 다음의 구름 그 구름은 알고 있겠지

소라의 노을

껍데기로 밀려와
바위에 갇혀야 했던 날
누구라도 다녀 가면
꺼내어 줄 것인데
다녀간 이 없어
그 시간만 기다렸다

백사장 모래밭에
살짝이 묻혀야 하는 것을
믿은 파도만이 아는 곳
겨우 이 바위 틈이었나
누가 나를 꺼내어
저 백사장에 묻어줄까

어제도 오늘도
끝 없는 기다림
흔적 없는 이 시간
나 찾는 이 누구요
기다림의 이 바위섬
물거품만 남긴다

노을의 만남

친구야
어제 피곤 했지
그저 미안한 마음만
덕분에 바닷 바람
마음 것 잘 마셨어
한 잔의 술도 그렇고

친구야
우리 건강하자
그리고 또 늙지 말자
아직 많은 이야기
더 많은 이야기가
한 잔의 술을 기다려

친구야
우리 늙었을까
아닌 것 같아 아니야
그 세월의 작품뿐
늙은 것이 아니야
아직 저물지 않았어

죄인의 뜰

갇혀야만 했고
갇혀야 했던 날
시간과의 싸움이
몇날 며칠일까

양지 바른 시간의 뜰
양지는 따뜻한데
여기 이곳 찾는 이
그 마음은 음지였다

삼팔선의 설

선 넘어 몇 발작이면
오고 가는 것을
우리 민족 남과 북
왜 못 오고 못 가는가

철새만도 못한 우리
한맺힌 그 칠십 년
우리 형제 남과 북
왜 못 오고 못 가는가

어제도 날아와
다시 넘는 북녘 철새
여기 남녘 철새는
안 그랬었나

아 통일이여
통일의 그날이여
때때옷 갈아 입고
우리 서로 세배 하세

떡국

둘러 앉은 아침 밥상
설날 아침의 떡국인가
구퉁이 한 곳에 빈 자리가 보였고
그 빈 자리에 어머니의 모습
부르는 듯 그 목소리까지
너 더 먹어라 떼어 주는 것 같았다

빈 자리의 우리 엄마
그릇 내려놓고 드시던 우리 엄마
식구 뒷바라지에 늦상 차지 했고
먹다 남긴 우리의 것 다 거둬 드셨던 엄마
뜨물통에 밥풀떼기 들어 갈까
우리들에게 얼마나 야단 하셨었나

그 김 서린 어머니의 부엌
아직도 그 숯검뎅이 못 지우셨지요
옥양목 치마 자락에 아궁이의 끄림 묻히던 날
이것 저것 그 음식 장만 누가 다 했나
부뚜막 흙맴질에 놋그릇 제수 그릇
보릿고개의 우리 엄마 모자라는 것이 너무 많았다

까치 둥지

세월이 흘렀는지
고향을 잃었는지
하루 해에 없는 설
그 옛날이 아련하다

그믐에 이맘때면
때때옷에 동네 한 바퀴
부엌 목욕에 묵은 때 벗기고
여동생의 단발머리

형아 나는 이발소의
까까머리가 아니었나
튼손 불려 수세미로 문지르고
그 때때옷에 더 예뻐 보였지

옥춘사탕에 뻥튀기 다락의 엿
친구 집 세배 가면 주머니 가득 얻은 강정
못 먹었던 엿 강정에 하루가 즐거웠고
눈 밟는 설날 아침 까치도 즐거웠다

우한 폐렴

설 지나 그 며칠
허전함에 그렇게 쓸쓸 했는데
약 없는 전염병에 거리마저 더 쓸쓸하다
우한 폐렴 듣지 못한 우한 폐렴

나라 안팎 전 세계가 벌벌 떠는 전염병
하늘로 바다로 우리 서로 안 간 곳이 어디에 있나
옮겨 오고 옮겨 가고 더 퍼지는 전염병
걸리면 거의 죽는 신종 코로나 바이러스다

등산의 밤

딛고 짚어 오르며 허리 펴 오르는 산
딛은 돌 반질 반질 짚힌 나뭇가지도 그렇고
나는 처음인데 누가 이리 다녀 갔나
바위 짚고 돌고 돌아 휜 나뭇가지 당기니
아직도 중턱쯤 언제 정상에 오를까

내려 보면 저 아래 올려 보니 하늘 높고
가는 이 오는 이 처음이어도 반갑다
언제 보았던 사람인가 이웃 같은 사람들
설명에 설명 듣고 다시 오르는 관악산
오를 수록 가파른 절벽 더 오를 정상이다

여기가 관악산 그 만만이 본 정상인가
정상 아래 오부능선 안양쪽 팔부능선
내려 보는 서울 경기 눈 안의 그림 된다
저 많은 집 높은 건물 누가 언제 다 지었나
멀리 보이는 한강 줄기 그 역사 읽는다

다 다녀 보는 관악산 둘러 보는 연주암
늦은 하행 길에 먼 도시불의 호화 찬란함인가

혼자서 늦은 하행 캄캄한 밤 일곱시 반
길 잃어 당황 하고 발 삐끗 디딜 수 없으니
위 아래 거미줄 길 산짐승의 공포감일까

갈 수록 깊은 계곡 여기가 어디인가
방향도 없는 길 정상 딛는 몸 되고
발 삐끗 못 딛으니 더 무서운 공포감
그래도 끌어본 몸 이대로 죽을 건가
부스럭 소리에 돋는 솔음 딛는 발 헛 딛어진다

봄개울

양지녘 파릇 파릇
추워도 오 는봄
버들강아지 물에 어려
그 모습 바라본다

양지녘에 돋은 싹
오는 봄도 길고 짧나
봄개울 양지녘
꽃 피는 날 기다린다

인생의 양지

피어 열흘이면 진다는 꽃
인생은 그 열흘의 몇 곱이나 될까
열흘 안 되어 지는 꽃
그 열흘 넘어 지는 꽃
떨어질 꽃잎에 꿈 묻을 이 있나
더 피어 있기를 몇 곱을 원하나
꽃 나름이라 하며 그날에 주눅 드니
지는 꽃 그 열흘에 관심 없다
욕심에 몇곱 세려 쥔 손 펴 세는 셈
봄날에 여름날 편 손 접는 가을날
그러면 그 인생 추운 겨울이 안 올까
계절 앞 세워 꽃으로 가르치고
그 향기 풍겨 읽어보라 하니
그 세월에 우리 인생 무엇을 읽고 배웠나
지는 꽃의 그 다음 꽃 보는 이 바라본다

마음의 달력

들어선 1월인가
찢은 달력 한 장 넘어
그 한 달에 설 지나고
2월의 음력 보름
그 다음 주 중순 된다

2월의 이 짧은 달
얼마나 더 짧을까
하루 이틀 몇시간
느낌의 짧은 2월

그러면 남은 10달
300여일이 많을까
이것 저것 행사에
계획의 날 지나면
불어 오는 그 찬 바람
어느 누가 막을까

버드나무의 일기

바지 걷어 올려 들어선 냇가
무엇을 얼마나 얼만큼 잡을까
왼손에 쥔 신 한짝
오른 손으로 들추는 돌

처음은 발 시려워
못 딛겠었는데
시려운 발 참으니
딛딘 발 무뎌졌다

미나리밭 지나
올려 보는 버드나무
흙 잃어 엉킨 뿌리
미꾸라지 숨겨주고

그 움추림의 다슬기
그렇다고 못 줍나
다슬기 주우며 오르는 냇가
버드나무의 꿈 고무신에 담긴다

젖먹이

그렇게 자란 그 시절
무엇이 부끄러울까
신장로 길 시오리
버스 없어 걷던 날

하루 1대 오는 버스
콩나물 시루 따로 있나
수건 두른 아낙네
아이 업은 새댁네

보채고 우는 아이
어떻게 달래었나
버스 안의 많은 사람
피해 될까 걱정 했고

더 울고 보채면
버스에서 내렸다
보따리 받아 주는 사람
자리 양보 하는 사람

우는 아이 달래려
옷 들춰 젖 꺼냈고
우리들도 그 손에서
그 젖 먹고 자랐다

쓰린 봄

봇물에 어린 하늘
구름 이그러지고
바람에 이는 물살
그 구름 지운다

들어 오면 구겨놓고
다시 펴 지우고
비춰진 버드나무는
그대로였을까

걷는 냇가 양지쪽
새싹 돋아나고
보릿고개의 옛 하늘
그 보리밭 내려 본다

보름날

어머니 그때 그날을 기억 하시는지요
저도 낳아 길러 보니 그 마음을 알겠어요
돌아 보는 그 옛날 나에게 쏟은 사랑
내 낳은 새끼 귀엽다 쏟는 이 사랑이
어머니의 그때 그 사랑만큼이나 할까요
벗기고 입히고 춥고 더웠던 날
내 입에 넣어준 밥 아직 그대로 있어요
어머니의 몫은 나 하나뿐만이 아니였겠지요

이 보름 광으로 부지갱이의 부엌으로
쌀 항아리 내려 가고 든 부지갱이 타들어 가던 날
그 쌀 항아리에 쌀 내려가듯 어머니의 마음도 내려 앉았을 것이고
타들어가는 부지갱이만큼이나 어머니의 마음도 타들어갔겠지요
보름 맞이 이 보름 더 지나 며칠이면
호미 들고 나가는 들 저녁이 될 것이고
보릿고개의 그 보리밭 쓸쓸히 바람 불어오면
건너는 냇가의 미나리밭에도 불었겠지요

저무는 노을

오늘도 저문 하루
누가 나의 그림을 어떻게 그릴까
나만이 아는 그림 그 그림을
저무는 오늘 인생도 저물고
함께 저무는 밤 그날들이 펼쳐진다

바다에서 산골로
그 넓은 바다 두고 와야 했던 날
산골은 넓은 바다만큼이나 더 좁았고
들리는 새 소리도 갈매기 울음만 못 했다
흐르는 냇물이 크고 작은 파도만이나 할까

그렇게 굽이 굽이
삶을 위해 그려야 했던 그날들
굴 바구니 잊고 나물 바구니 들었다
바다의 갯것 처럼 담기는 것도 많았고
그 갈매기 울음에 이 산골의 철새 울음 소리

꽃은 안 그렇겠나
우리 그 바다에 해당화꽃이 있다면

여기 이곳에는 찔레꽃이 있었고
둘러 쌓인 하늘에 흰 구름은 그와 같았다
바다의 그림 산골의 그림 무엇 찾아 여기에 왔나

깊은 밤 저문 인생
지난날을 그리려 이 밤을 지새우나
더 그리려 하니 기억이 모자라고
엎치락 뒤치락 눈꺼플에 얹는 인생
모진 그림 안의 그 많은 날이 이리도 짧을 줄이야

보름놀이

하나 둘 그렇게 슬며시 가버린 날
그날은 갔어도 놀이는 남아 있다
밝음에 숨은 놀이 누가 찾아 데려 올까
보름달에 소원 비는 어머니가 찾아 줄까

방 안에 등잔불 대청 마루에 호야등불
대문 밖 마당 보름달에 환하고
이 보다 더 밝은 것은 달 보는 마음이었다
논가에 냇가에 떠들썩 대는 아이들

한낮 제기 윷 놀이에 그리 떠들어 대더니
밤 되니 밥 훔치고 그 어둠에 짚불놓고
돌리는 깡통 불이 보름달만이나 할까
성화불 보는 아이들 싸움박질에 울고 웃는다

• 3부 •

보름달

뜨락 훤이 비추는 달
우리 집만 비췄겠나
우물둥치 위 떠오른 달
지붕 위에 걸치고
더 높이 떠 올려 보면
마음까지 비춰 줬다

그 시절 그 정월 보름
옥토끼의 먼 기억들
바라볼 수록 젖어드는
그 시절 추억인가
우리 초가 울타리 밖
양지에 짚까리까지

타향의 이 보름달 안
계수나무 변함 없고
다리 위의 어머니 정성
누구의 소원인가
함께 놀던 내 동무들
달 속에서 손짓 한다

구름의 달

저 먼 산 흰 구름
어디로 흘러 가나
젊어서 못 본 구름
조각마다 다르고
저리도 뒤 안 보니
닿을 곳은 있는지

여기 이곳 오기를
몇 굽이로 흘러 왔나
강 건너 산 넘으며
저물어도 가야 하고
달빛에도 가야 하는
쉼 없는 너의 그 길

종말의 그늘

종말론을 믿어야 하나
연이어 생기는 병
아직은 약이 없고
약이 있어도 몇 명이 치료될까

만든 약을 믿어야 하나
만든다면 언제쯤
어떤 약을 만들까
만들었던 그 약들 누가 먹는지

질병 많고 약 많은 세상
내 몸안의 그 병들
고통이 언제 올까
불안한 하루의 삶 숨겨야 하나

눈초리 마다 다른 표정
나 아니라 그런가
이웃 인심 없어져
그 누구를 믿고 살아 가야 하나

사랑의 양지

기억 따라 가버린 날
그리움은 그렇게
기억 따라 가야 했는지

떠났어도 가까운 날
눈 앞에 어리고
멀어진 그리움 눈시울 붉힌다

찾아도 불러도
그리움에 숨은 얼굴
이제 그 아름다운 날을 잊어야 하나

대답 없는 그리움
모습마저 가물대고
마지막 본 꿈의 모습으로 행복을 빌어준다

기억의 봄

넘는 해 뉘엿 뉘엿
서산에 걸치면
꽁보리밥 고봉에 고픈 배 채워졌고

반쯤 남은 된장찌게
더 졸아 내려 가면
그 밥사발 더 먹어라 화롯불 식어 갔다

누구의 봄이 즐거울까
들어선 보릿고개
굴뚝의 저녁연기 허기진 배 달래었고

긴긴 밤 닭 우는 소리
자다 깨다 들리는 듯
첫 새벽 문밖 냉수 고픈 배 채워 주었다

엄마

그 잠깐 왔다 가는 것이
이렇게 꿈인 것을
눈 안에 넣은 것
다 어떻게 하나

담아도 다 못 담은 소리
이렇게 버릴 것을
욕심의 그 소리
어떻게 버릴까

뚫린 욕창이 시렵구나
어서 묶어 버려라
그 울음 그치고
사흘만 기다려

너희 울음에 끊길 그 정
이 냄새 지워지고
귀찮지 않으니
편안 할 것이다

안 보이니 속 시원 하니
구박 덩이 떠난다
못 가린 똥 오줌
나 듣고 있었다

이 꽃상여에 실려보니
모두가 아닌 것을
내리고 버리고
나 떠나야 하니

애들아 막내 울지 마라
이제 끊어야 할 정
여기가 어디니
여기가 어디니

버드나무의 양지

푸르스름한 이 버드나무
작년에도 그랬었나

별 쬐는 버들강아지
잉어 떼 내려 보고

고개 내민 잉어 떼
버드나무 올려 본다

돌 틈에 돋는 새싹
고개 내민 잉어 떼들

그 버드나무 위 흰 구름
버드나무만 보았겠나

물에 어린 파란 하늘
흰 구름 이그러지고

그 한 몫의 오리 떼
이는 물살 가른다

오리 떼의 봄

양지녘에 찾아온 봄
하루 이틀이 다르고
물 오르는 버드나무
버들강아지 잠 재운다

나들이의 잉어 떼
물 위의 오리 떼
오리 떼 내려 보며
함께 나들이에 즐거운가

봇물 위 가르는
오리 잉어의 봄
건너는 이 징검다리
언제 다시 딛을까

미끄럼의 징검다리
기웃등 삐뚤고
잉어 떼 숨은 봇물
오리 떼 저녁 된다

고독의 늪

그날의 그 시간도
이 시간의 오늘도
나에게 꼭 있어야 할 시간도 있었고
있어서는 아니 될 그 시간도 있었다

밤과 낮을 모르고
찾아 오는 적막감
앉아 있다 일어났다 이 몸 무엇 하나
나 어디에 와 있는지 나도 모를 마음

다음 길 여러 갈래
어느 길을 딛을까
깨무는 이 손톱 아프다 하지 않으니
지나온 그 날도 아프다 하지 않을까

기쁜 날도 있었고
슬픈 날도 있었다
가야 할 그 먼 길 앞도 뒤도 없는 길
먼 내일이 그리워 그날 찾아 나선다

파도의 노을

저기 저 먼 곳
내 고향이 아닌인가
바라볼수록 더 먼 섬
돌아서니 하얗고
기억도 몇 가지만
그래야야 했는지

밀려 오는 그 하얀 날
파도의 기억들
희미한 파도의 그 옛날인가
갈매기 먼 울음 귓가에 맴돌고
철석이는 파도 소리
어머니의 모습 못 잊는다

발목

인생은 고행(苦行)길
끝 없는 한숨의 길
나 아닌 이웃도
가야 하는 나의 길도
밤 낮으로 가야 하는
쉼 없는 내일의 길

무엇을 찾고
얻은 것이 무엇인가
찾아도 다 못 찾고
얻어도 다 못 얻은
내려놓고 비워야 할
석양 따라 가는 길

외로운 언덕

웃을때 이웃이고
눈물일때 아닌 세상
눈물일때 함께한들
그 눈물이 며칠일까

부모 형제 함께한들
그것도 실가닥 정
늘어져 매듭지면
끝 세월이 끊을 것을

윷가락 던지듯
던져놓은 인생
그 윷에 그 표정
욕심에도 웃었나

이웃도 형제도
바라보는 부모도
웃음 잃고 눈물일때
욕심만이 찾더라

먼 봄

그 해의 봄 그날이었나
수수깡 울타리에
봄바람 스며들던 날
냇둑 멀리 보리밭
아지랑이에 가물댔고

계집아이들 하나 둘
바구니 들고 나서면
사내놈들 논으로
우렁이 잡이에 나섰지
얼마를 케고 얼마를 잡았나

일 안 한다 야단 맞을까
그리 열심히 케고 잡았나
꽃 여미는 진달래 개나리의 저녁
보릿고개에 기우는 해 서산에 걸치고
모여 앉은 저녁 밥상 된장 찌게에 허기진다

노을의 봄

기억 멀리 멀어진 그 옛날의 봄
마음은 뚜렷한데 그리 흐려져야 하는지
멀어지면 모두가 다 그리 흐릿한 것인가

그 기억에 남은 봄이 한 두가지일까
피부에 와 닿고 가슴에 남은 봄이
길가로 냇가로 산등성이 멀리까지

이제야 그 꽃들이 눈 안에 들어오고
부족함에 겪은 고통 눈물로 씻어야 했던 날
아련한 봄날에 그 아픔의 봄이였지 않았나

세월의 노을

한낮 봄 양지의
방초만도 못한 인생
이웃 눈치 그리 보며
어느 곳에 닿았나

아니라 하면서
감추고 감춘 세월
흰 머리에 드러나니
보는 하늘 서럽다

봉숭아 뜰 그 많은 이
다 모두 어디 갔소
하나 둘 줄더니
매듭의 정 끊는구나

미나리의 양지

밤 낮으로 그렇게
누구의 관심이 없어도
징검다리의 냇물은 쉼 없어야 하는지

양지녘의 미나리
버드나무 움 트는 봄
징검다리 감도는 물 끊임 없어라

양지녘 파릇 파릇
꽃 피우기 아직 먼 봄
진달래 개나리꽃 누가 먼저 꺾어 줄까

바구니 든 아이들
징검다리 딛을 무렵
그 무렵 제비꽃 민들레도 수놓겠지

구름의 꿈

지나 보니
아무 것도 아닌 것을
무엇을 위해
여기에 와야 했나
짧은 줄 모르고
길 것 처럼 걸어온 길
돌아보니 나 혼자요
함께한 이 모두 떠났는데
넣고 채운 것도 욕심의 것을
얼마를 얻겠다고
그 하루 한 달을 잃었나
불러 모인 세월에 뒤져보는 빈 가슴
쌓인 것이라고는 허무한 그 시간뿐
나 여기에 데려온
그 많은 꿈 어디 갔나
무거운 줄만 알었던 짐
그래도 그 짐은 반이라도 내려 놓았다
더 무거운 나이의 짐 그럴 수도 없고
무관심의 이웃도 잃을 수 없었다
방법은 하나 그 방법 밖에 없었나

갈 수록 더 무겁고 내려놓을 수 없는 짐
마지막에 옮겨 본들 다음이 없다
발에 차이는 낙엽 처럼 잃어버린 세월
몇 번의 밤과 낮이
그곳으로 데려 갈 것이 아닌가
버드나무 춤추는 봄의 꽃도 보았고
여름날 부채질에 철새도 보았다
가을날 우수수 낙엽 마음의 허무함
흰 눈으로 덮힌 세상 덮힌 것들 어떠한가
그래도 다음이라는 봄이 있지 않은가
그만도 못한 인생 뭉쳐지고 끌리고
끌고온 이 마루 끝 나 여기가 어디인가
석양에 빼앗긴 마음 나 어디로 가야 하나

마음의 계절

조용히 찾는 계절
옛 마음에 보내고
보낸 마음 찾아오면
그 미움에 얹는다

더듬어 찾은 계절
아름다움만 있을까
지난 날 모두 모아
시간 마다 넘겨 보면

이 마음 저 생각
추억의 꽃이 되고
긴 그림자의 저문 인생
하룻밤 꿈 된다

운명의 봄

긴 머리에
깡통치마
여엔일곱의 봄이었나

그 열여덟
열아홉에
보리 눕혔고

찔레꽃 피던 날
소쩍새의 밤
그날 밤 운명 따라
뒷산 길로 떠났다네

극락의 뜰

나온 세상 바라보니
이리 밝지 않은가
여기에 오기까지
그 몇달 무엇 했나
맺힌 뼈에 살 붙이고
그 살 붙여 나와 보니
이렇게 밝고 좋은 세상인데

귀 뜨고 눈 떠 보니
그것도 아닌 세상
속았는지 몰랐는지
나 어디로 가고 있나
트인 움에 낙엽까지
깨닫지 못한 인생
이 몸 지금 무엇 하고 있나

꽃 피고 새 우는가
저 구름 흘러 흘러
어디로 가고 있나
생긴 뼈에 붙여진 살

어머니께 고맙구나
눈 어둡고 귀 닫히니
처음 처럼 열려질까

신세 타령에 보는 하늘
흰 머리에 주눅 들고
빠진 이에 합죽 입
울어도 웃어봐도
이제 보기 싫구나
병든 몸에 구박 괄시
뒤 흘리고 묻히니

낳은 자식 남의 자식
안 그런 척의 그 눈치
어린 손주 이 놈 저 놈
냄새 난다 멀리 한다
요양원 집에 버려진 몸
나 언제 이 병 낳아
집으로 들어 갈까

내 속으로 낳은 자식
식구들이 보고 싶고
더듬어 보는 그 세월
처음도 이랬었나
배 고프고 밥이 적다
마른 살점에 찬물 넣으니
춥기도 춥다 그 며칠 누가 오나

이 요양원집 나서면
뼈 살점 불에 태울 것인데
저 떨어지는 물방울에
그 길던 하루 짧아지고
처음도 그 시간도
이 눈 앞에 며칠이 될까
안 가본 불 구덩이 뜨겁기만 하구나

• 4부 •

냉이의 양지

잔잔한 시냇물에 구름 어리고
양지녘 돋는 새싹 구름 올려 본다
한 곳에 솔이쟁이 다른 한곳 쑥
캐고 싶은 달래 냉이 어느 곳에 숨었나
움 틔우는 버드나무 하늘 휘젓고
물 소리 자장가에 버들강아지 잠든다

가녀린 새 울음 겨울에도 그랬었나
꽃 피우기 아직 먼 봄 음지녘 시렵고
감아도는 징검다리의 물 꽃동산 기다린다
조금 더 지나면 기울던 해 넘을 것인데
양지녘 음지녘 추워서 어떻게 하나
노을의 밤 내일이면 더 따뜻하겠지

방랑의 봄

가을날은 그렇게
묵어 간다는 이 기와집
이 집에 아주 뿌리 내릴 것을
주인 어른 같이 살자
왜 뿌리쳐야 했던가

눈보라의 주인 집
이렇게 따뜻한 곳인데
설한에 맺은 정 길게 늘리니
아랫도리 따뜻 했던
군불 아궁이 그립고

저녁 마다 마실꾼
막걸리에 세상 이야기
나를 두고 하는 말들이었나
딴청으로 못 들은 척
화롯불에 다 묻었다

정월의 입춘이요
우수 경칩에 해동인데

앞산 꽃 피기 전 떠나야 하나
하루가 다른 보리밭
아지랑이 가물대고

며칠에 굳힌 마음
그 그믐 무렵 봇짐 쌓나
그러면 춘삼월 꽃 부끄럽다
신 닦아 얹어 놓으니
굳힌 그믐 가깝구나

아가의 봄

때 되면 나오고
녹았으니 흐르고
녹은 얼음 돋는 싹
봄 맞이에 즐겁다
따뜻한 이 양지녘
누가 먼저 찾을까

우리 아가 아장 아장
아직은 추운 봄
사타구니의 봄바람
언제 멎을까
흙 한 줌에 던진 돌
미나리 깨운다

노을의 봄

이렇게 짧은 세월인데
그 하루가 길었고
길었던 그날만큼
외로움도 길었다

넘어야 할 보릿고개
보릿고개의 그 언덕
오르는 뒷산 길 보다
왜 그리도 길었는지

올라와 앉자 보이는 곳
다 내것 같은 마음
찾아도 없는 나의 것
무엇 하나 내 것이 될까

집집마다 개나리 울
입에 따 문 진달래
저무는 민들레꽃
저녁연기에 서러웠다

재앙의 늪

만들었다는 사람의 재앙일까
바이러스 공포에 하루가 두렵고
혹시나 하는 마음에 이웃 동료 바라본다
아니라 숨긴 마음 마주 보아도 　 찮을까
느낌으로 알면서 눈빛에 담긴 그 마음들
옮길까 탓 될까 자연 기침에도 미안하다

아직도 모르는 정확한 근거 자료들
예측에 의한 중국 우한 코로나 바이러스일까
그 곳에서 생겼다 하여 그 며칠에 전세계로
의문에 의문으로 꼬리 무는 이 코로나 바이러스
혹시나 하는 마음에 하늘 한 번 더 보아지고
안 없어지면 어떻게 하나 근심 걱정의 내일이 된다

양지의 봄

울 밑 한 곳에 돋아나는 새싹들
노루꼬리 그림자에 하루가 짧은가
저녁바람 쓸쓸히 하루를 지운다

따뜻한 이 양지 구름 없던 한나절
내일 또 점심 나절 따뜻한 볕이 쬘까
노루꼬리 저문 하루 저녁연기 바라본다

진달래의 기억

보리밭 지나는 길
진달래 탐스럽고
가냘피 예쁜 꽃
바람에 여민다

우리 집 이웃 집 울
개나리꽃 두른 봄
앞산 자락 울긋 불긋
누가 딛어 돌아 갈까

나물 캐는 아이들
한 나절 짧아지고
봄 놀이의 징소리
아련히 들려온다

통곡의 2020

나라 안의 전염병
전세계는 안 그런가
봄 맞이의 코로나 바이러스
언제 없어질 것인가

굳힌다는 전염병
폐 마음만 굳겠는가
어떻게 하나 쌓은 정 모두를
맺은 정 어떻게 하나

약 없어 눈치 보고
서로 만나 반가운 척
누가 누구를 서로 믿겠는가
표정에 쓰인 그 언어

진실은 어디까지
목숨 앞에 진실 없다
알면서 만나야함 그 내일이
이 공포의 하루인가

잉어의 꿈

봇물에 어리는
버들강아지 춤추고
잉어 밥에 잉어 떼
모두 모여 눈치 본다

모여드는 비둘기 떼
비둘기 떼는 안 그런가
어서 그리 보았는지
떼 지어 날아든다

늘 찾아 먹이 주는 곳
때 되어 모였는지
기다렸다 찾았는지
어떻게 알고 다 모여드나

물 밖 보는 잉어 떼
먼 비둘기의 그 눈치
묘한 느낌의 잉어 비둘기 떼
내일 그곳 다시 찾아야 하나

고향의 등대

밤 바다 저 멀리
가물대는 등대불
별빛도 함께
등대불과 속삭였다

포구에 걸터 앉아
바라보던 등대불
지금은 기억의 고향
누가 찾을 섬인가

나의 섬 파도 소리
그렇게 들렸고
오늘도 들리는 듯
귓가에 맴돈다

코로나19 이야기

목숨을 건 이 난리
우리는 충 균 바이러스를 안고 살아가므로
이 코로나 바이러스는 원인 규명에 불문 하고
지구의 기류 따라 전 세계로 다 퍼졌다
약이 있어도 존재 하고
약이 없어도 존재 한다
그러므로 면역만이 방어의 길
마스크는 형식에 불과 하다

그러는 나는 이렇게 살았다
먹고 살려고 늘 생활화 한시간
그 시간이 춥고 더웠다
여름날 땀 흠뻑 영상 36 또는 38
겨울날은 영하 10 ~15도
바람으로 인한 체감 온도 20도였다
우리 국민 모두가 그 면역을 버린 것
나는 43년을 단 하루 편히 쉬어보지 못한 시간
일터에 시간 맞춰 새벽 04시에 일어났다
겨울날 추운 공기
여름날 더운 공기

번갈아 가며 이 공기를 다 마시며 일했다
곧 이것이 오늘날 면역이 된 셈
그러나 나는 이 코로나 바이러스에 조심은 한다만
우리 국민들 그동안 어떻게 지낸나
여름에 추웠고
겨울에 덥지 않았나
호흡기 면역 다 버리고 없앤 폭
자연에 적응 못한 그 댓가가 아닌가
모두가 아우성 그럴 줄 알았다
사람이나 짐승이나 그 환경에 적응하여
면역을 키워야 하는 법
추울때 춥고 더울때 땀 흘려야 한다
이제 어쩔 수 없는 일
누가 죽고 누가 살지
또 이 코로나 바이러스가 얼마나 갈지
그 누구도 모르고 다른 전염병이 생길 수도있다
우리의 생활을 돌아보며
모두가 한 번쯤 반성 하자
그동안 흥청 망청 먹고 입고 온몸에 바르고
방 문까지 꽉 닫으며 공기를 삭혀 마셔 왔다

코 감각이 좋다 하여 화학적인 향료(화장품 세제) 바르고 뿌리고

심지어 우리 주식인 된장 냄새 난다까지 하지 않았나

사람은 사람 냄새 맡아야 하고

짐승은 짐승 냄새 맡아야 한다

곧 그 향기에 속아서는 안 된다는 것이다

이제 닥친 이 큰 전염병을 어떻게 할까

이웃 탓 하지 말고 본인부터 면역을 키워야 살수 있다

그리움의 양지

찾은 양지녘의 그리움인가
따뜻한 양지녘 새싹 돋아나고
여기 저기 작은 꽃 그리움 모은다
모를 그리움 모르는 꽃 이름
조심스레 앉는 벌
그 꽃의 향기는 있는지

둘러 보는 꽃마다
한 송이씩 건너 뛰고
날개짓에 작은 소리 고요함 더해간다
더 많은 날 더 많은 꽃 그날이 오면
그 무렵 나비도 함께 찾을까
그리움의 양지녘 별 따라 떠난다

허공의 봄

내려놓고 바라보니
이렇게 가벼운 것을
마음 비워 없는 허공
잡히는 것 없다

짊어진 짐 못 내리고
채워야 했던 날
밤 낮의 그 세월
나 어디서 무엇 했나

그 욕심에 짓눌려
끝 모르고 살어온 삶
처음에 숨은 욕심
나 데리고 여기까지

아침 나절 꽃 피고
저녁 나절 움 돋는다
구름 따라 가는 마음
나 어디로 가고 있나

봄비

이슬비 가랑비
바뀌며 내리는 길
보슬비 그 한 몫
바람에 흩어진다

풀잎에 살짝이
송이송이 맺힌 방울
버드나무에 그대로
가쟁이 타고 흐르고

마음 젖으면 어쩌나
걷는 길 하늘 보면
내리는 빗방울
눈 언저리 적신다

저무는 고무신

계절은 봄인데
낙엽을 밟는 인생
여기 머무는 곳
여기가 어디인가
예쁜 꽃 탐스러워
꺾어도 보았고
철새 울음의
한여름도 있었다
밤하늘 바라보며
꿈도 묻었고
뒷동산 위 달 보며
그리움도 엎었었다
한여름의 철새 울음
그 철새 울음에서
시간을 배운적도 있었고
지나와 돌아 보니
이렇게 짧은 것을
그 무렵 그 시간은
왜 그리도 길었는지
힘든 삶에 길고 긴 시간

힘들어 길었던 것이지
그 시간도 짧았을 것이다
구름의 교훈을 읽지 못한 시간들
그 하루 해 넘기며
무엇을 얻었나
봄이어도 바라보면
이웃의 봄이여
나의 봄은 간데 없고
이 봄의 가을인가
주름결에 매달린
잃어버린 그 세월
하얀 날에 흰 머리
서리꽃이 왠말인가
밟기 싫은 낙엽의 길
그 봄 찾아 나선다

노을의 사랑

못 잊어 그려보는
꽃 송이에 숨은 얼굴
어제만이 기억 하는
그 아름다운 날이었나
둘이서 그린
그 미운 그림이었고

멀어진 실가닥에
매달린 그날들
매듭진 그 약속
누가 먼저 풀었나
모습 흐린 그리움
정 하나에 매달린다

봄버들

홍에 겨운 너의 춤
늙어도 띄우는구나
어린 춤 늙은 춤
늙은 춤이 더 홍겹고
너 어릴 적 보았는데
언제 그리 늙었더냐

나 자랄 적 네 어린 물에
고무신 벗어 띄웠고
그늘진 여름이면
앉자 쉬어 갔었는데
이 지팡이에 실린 몸
네 춤에 홍겹구나

냉이의 장터

재래시장 한 곳에
나물 파는 할머니
그것도 쫓겨온 듯
구퉁이에 그늘지고
바람에 펄럭 펄럭
담 밑 포장 흔들어 댄다
보기에도 시려운 바람
수건 두른 할머니

한 곳에 달래 한 줌
비켜놓은 냉이 소쿠리
다듬어 놓은 대파 한 단
흙 묻은 시금치
앞쪽의 도라지 몫
냉이로 보아 어제 마련한 것인데
누가 언제 이것을 다 살까
시장끼에 삶은 감자 드시는 것 같고

이 사람 두리번
저 사람 두리번

행여 지나는 이 마음 잡힐까
누가 머물러 얼마나 사가나
한때는 우리 어머니도
내 찻삯 하느라 저리 하셨는데
골목의 이 쌀쌀한 봄
어머니 생각에 마음 저리다

친정의 봄

봄바람 불어와
마음으로 읽는 봄
몸이 늙었지
마음이 늙었겠나

이 속으로 낳은 자식이
두다리 거쳤으니
욕심에 읽는 봄
마음이 부끄럽다

누가 볼까 꺼내어
창가에서 읽노라면
들리는 문 소리에
깜짝 놀라 감춰지고

아니다 싶어
다시 꺼내어 읽으면
어느 것 하나 무엇인들
이 눈안에 안 스칠까

세월에 밀려온 봄
흰 머리에 덮히고
꽃동네 친정의 봄
보리밭 나부낀다

구름의 과거

세상은 다
거짓이었다
믿었던 세월도
그 한 몫이었고

네 마지막
그 앞에서
진실이라고
생각 하나